누리 과정에서 쏙쏙

신체운동·건강   신체활동 즐기기 – 신체를 인식하고 움직인다.
　　　　　　　　　　　　　　 – 신체 움직임을 조절한다.

초등 과정에서 쏙쏙

통합 나2　1.나의 몸 – 내 몸을 살펴요, 내 몸이 아파요, 병원에 가요
도덕 3　1.소중한 나 – 어떻게 하는 것이 나를 소중히 하는 것일까요?, 나를 소중히 하는 생활을 실천해요
과학 5-2　1.우리 몸

감수 및 추천 이명근 박사(미국 존스홉킨스 대학교 교수 역임, 현재 연세대학교 보건대학원 교수)

세계 곳곳의 재난지에 뛰어들어 어린이들은 물론 도움이 필요한 사람들을 구조하며 봉사의 삶을 사는 분입니다. 알아야 더 잘할 수 있다는 믿음으로 연세대학교 보건대학원에 '국제 재난 대응 전문가 과정'을 개설하여 많은 재난 구조 전문가를 양성하고 있습니다. 국제 NGO인 '머시코'(Mercy Corp.)와 UNDP(유엔경제개발계획)에서 활동하기도 했습니다. 지금은 재난 구호의 필요성을 알리고, 아시아와 아프리카의 개발을 위해 '코이카'(KOICA, 한국국제협력단)와 국제 개발 기관인 '글로벌 투게더' 등과 함께 봉사에 앞장서고 있습니다.

글 조한나

초등학교 시절 어느 겨울 방학, 콧등까지 이불을 덮고 부모님이 사 주신 전집을 한권 한권 읽으며
이야기에 빠져들기 시작했습니다. 그렇게 허클베리 핀의 모험을 따라, 키다리 아저씨 주디의 일기를 흉내 내며
어느덧 동화를 쓰는 작가가 되었습니다. 대학에서는 희곡을 공부하였고 오랫동안 방송 작가로 활동하였습니다.
현재 출판사에 근무하고 있으며, 기획·편집을 하고 있습니다.

그림 파스칼레 라폰드

스위스 출신으로 대학에서 아트 디자인을 공부했으며 오랫동안 텔레비전 만화 시리즈에 그림을 그렸습니다.
현재는 프리랜서로 창작 활동을 하고 있으며, 작품으로는 〈토네이도가 오고 있어〉, 〈노래〉, 〈난 영어를 읽을 수 있어〉
등이 있습니다.

인체 | 심장과 혈액 순환
28. 콩닥콩닥 소리가 나요

글 조한나 | **그림** 파스칼레 라폰드
펴낸곳 스마일 북스 | **펴낸이** 이행순 | **제작 상무** 장종남
대표 조주연 | **주소** 서울특별시 종로구 사직로8길 20, 103호
출판등록 제2013 – 000070호   **홈페이지** www.smilebooks.co.kr
전화번호 1588 – 3201   **팩스** (02)747 – 3108
기획·편집 조주연 김민정 김인숙 | **디자인** 김수정 정수하
사진 제공 및 대여 셔터스톡 연합뉴스 프리픽

이 책의 모든 글과 그림 등의 저작권은 스마일 북스에 있습니다.
본사의 허락 없이 이 책에 실린 내용의 일부 또는 전체를 어떤 형태로든지
변조하거나 무단 복제하는 것은 법으로 금지되어 있습니다.

⚠ 책을 집어던지면 다칠 수 있으니 조심하십시오. 잘못 만들어진 책은 바꾸어 드립니다.

콩닥콩닥
소리가 나요

글 조한나 | 그림 파스칼레 라퐁드

옆집에 사는 메이린 아줌마에게 편지가 왔어요.
"루시, 마크가 너에게도 안부를 전해 달라고 하는구나."
메이린 아줌마가 편지를 읽으며 말했어요.
"네가 마크에게 답장을 해 주면 좋아할 거야."
그래서 루시는 메이린 아줌마의 동생인
마크 아저씨에게 편지를 쓰게 됐답니다.

마크 아저씨, 안녕하세요?
저는 메이린 아줌마의 옆집에 사는 루시예요.
엄마와 함께 목장에서 젖소를 키워요.
아저씨는 도시에 있는 큰 병원의 의사라면서요?
저도 아저씨처럼 의사가 되는 게 꿈이랍니다.
아저씨께 계속 편지를 써도 될까요?

목장에 사는 루시가

마크 아저씨께

오늘은 동네 병원에 갔어요.

얼마 전부터 가슴이 많이 아팠거든요.

선생님은 진찰을 하시더니

제 왼쪽 가슴을 가리키며 말씀하셨어요.

"여기, **심장**이 많이 아프단다."

제 심장은 왜 아픈 걸까요?

슬픈 루시가

마크 아저씨,

저는 요즘 매일 밤마다 심장 소리를 듣고 있어요.

제 심장이 건강해졌는지 확인해 보는 거예요.

가만히 듣고 있으면 심장에서

쿵닥쿵닥 쿵덕쿵덕 소리가 나요.

마치 시계처럼 쉬지도 않고 소리를 낸답니다.

아저씨도 한번 들어 보세요. 정말 재미있어요.

심장 소리를 들으며 루시가

마크 아저씨, 그동안 잘 지내셨어요?
오늘은 도서관에 가서 심장에 대한 책을
잔뜩 빌려다 읽었어요.
제 심장이 왜 아픈지 정말 궁금했거든요.
그래서 알아냈느냐고요?
그럼요. 자, 보세요.

심장은 왼쪽 가슴에 있고, 크기는 자기 주먹만 해요.
오므라들었다 펴졌다 하면서
온몸에 피를 전해 주지요.

온몸을 돌고 온 피가
들어오는 곳이에요.

심장은 오른쪽하고 왼쪽으로 나뉘어 있어요.

오른쪽

왼쪽

깨끗한 피를 온몸으로 내보내는 곳이에요.

여기에 벽이 있어요.
이 벽은 피가 잘 들어오고 나갈 수 있도록 해 주는데,
전 여기에 작은 구멍이 난 거예요.

고마운 아저씨께
아저씨가 제 심장을 고쳐 주신다고 했다면서요?
정말 고맙습니다.
도시에 있는 큰 병원은 으리으리하겠지요?
빨리 가서 아저씨를 만나고 싶어요.

설레는 루시가

아저씨, 병원은 정말 지루하고 답답해요.
아저씨가 안 계셨다면 정말 슬펐을 거예요.
좀 전에는 아저씨가 가르쳐 주신 걸 해 봤어요.
손목을 만지면서 심장이 몇 번이나 뛰는지
세어 보는 거 말이에요.
내일도 재미있는 걸 가르쳐 주실 거지요?

심심한 루시가

갑자기 궁금한 게 생겨서 또 편지를 써요.
심장이 온몸에 피를 전해 준다고 했잖아요.
그런데 피가 어떻게 움직이는 거예요?
피가 다니는 길이라도 있나요?

궁금한 게 많은 루시가

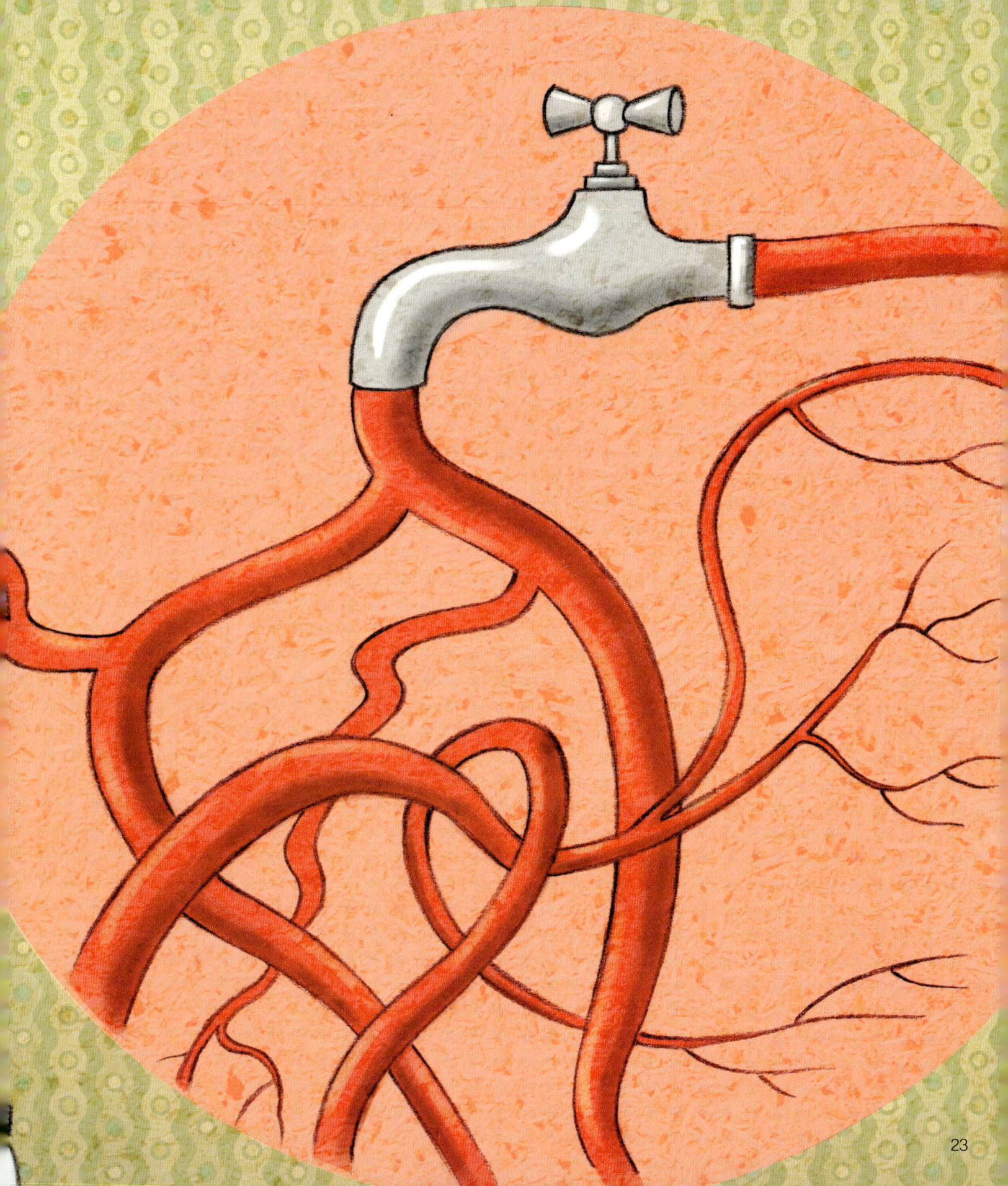

귀여운 루시에게
우리 몸에는 피가 흐르는 길이 있단다.
그 길을 **혈관**이라고 하는데, 온몸에 퍼져 있지.
심장이 힘차게 운동을 해 주면
피가 혈관을 따라 돌게 되는 거야.

마크 아저씨가

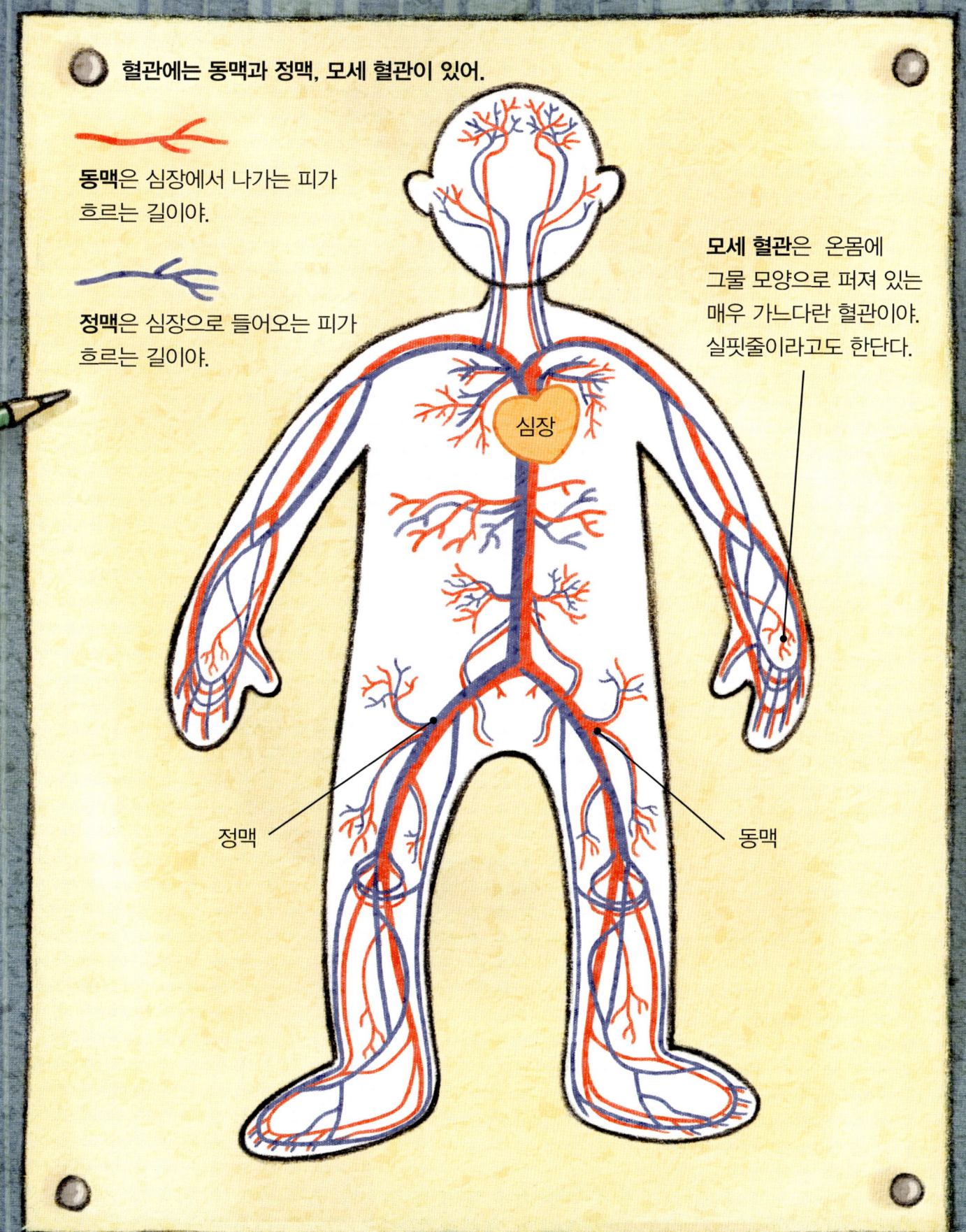

아저씨, 이제 궁금증이 다 풀렸어요.
아저씨가 곁에 계셔서 금방 대답해 주시니까
정말 좋아요.
아저씨라면 제 심장에 난 구멍도
잘 꿰매 주시겠지요?
아저씨, 내일 수술실에서 만나요.

　　　　　　　　　　안심이 되는 루시가

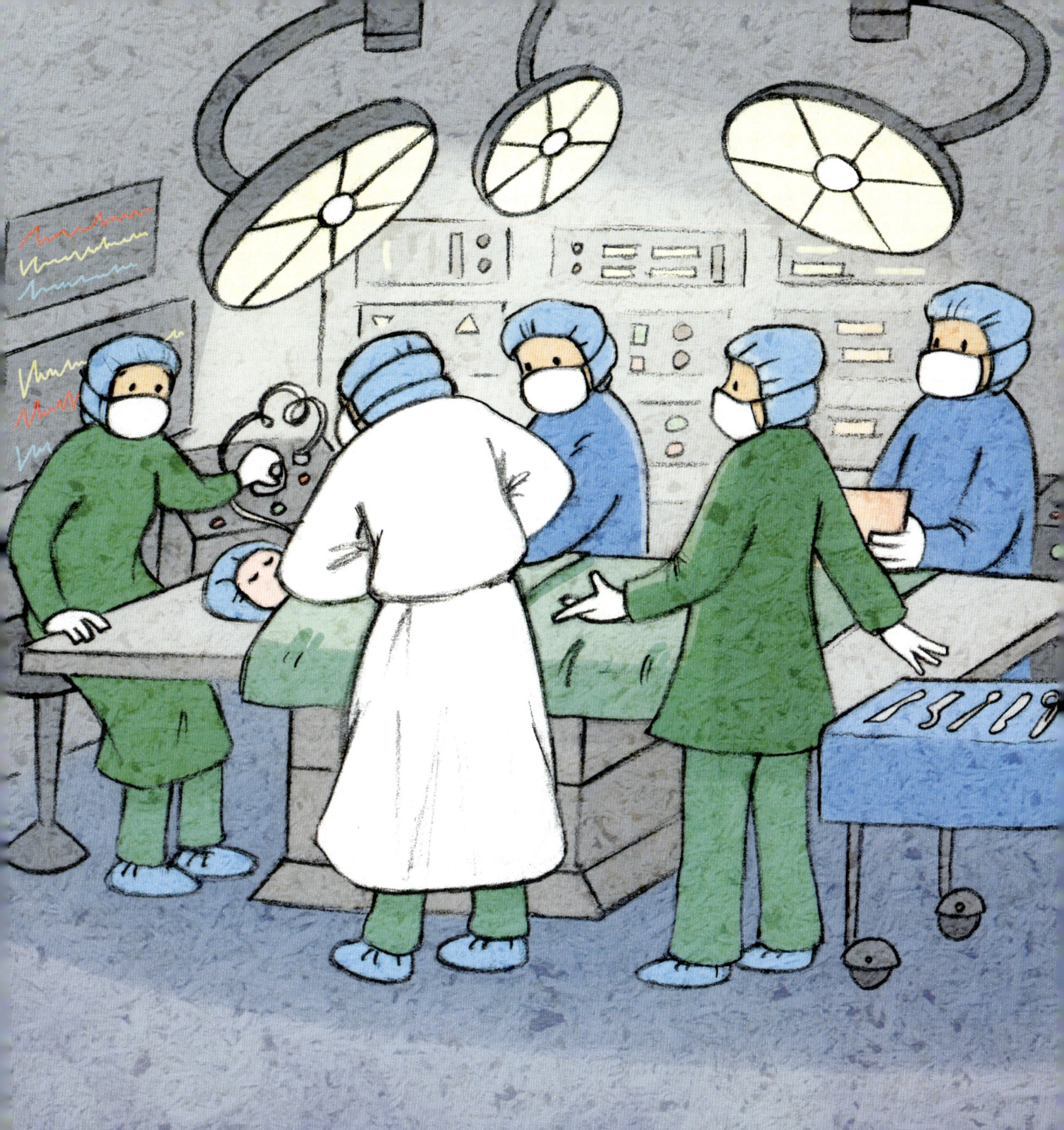

아저씨, 제 심장이 튼튼해졌나 봐요.
이제 심장 소리도 요란하지 않고,
많이 움직여도 힘들지 않아요.
그래서 내일은 같은 병실에 있는 아이와
밖으로 나가 보기로 했어요.
쉿, 엄마한테는 비밀로 해 주세요.

하늘만큼 땅만큼 기쁜 루시가

보고 싶은 아저씨께

아저씨와 헤어진 지 벌써 석 달이나 지났어요.

그동안 저는 무척 건강해졌어요.

오늘은 친구들과 달리기도 했어요.

다음엔 메이린 아줌마와 소풍도 갈 거예요.

아저씨, 저를 낫게 해 주셔서 감사해요.

사랑하는 루시가

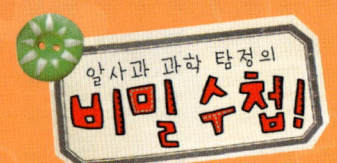

심장은 소중해요

심장은 우리 가슴 속에서 항상 콩닥콩닥 뛰고 있어요.
우리가 잠을 잘 때도 멈추지 않고 움직이고 있지요.
심장이 뛰어야 우리가 살아 있는 거랍니다.

🍅 심장은 왼쪽 가슴에 있어요

오른손을 왼쪽 가슴의 조금 아래쪽에
대어 보세요. 무언가 콩닥콩닥 뛰는 게
느껴지지요? 바로 심장이 뛰고 있는
거예요. 심장은 자기 주먹만 하답니다.

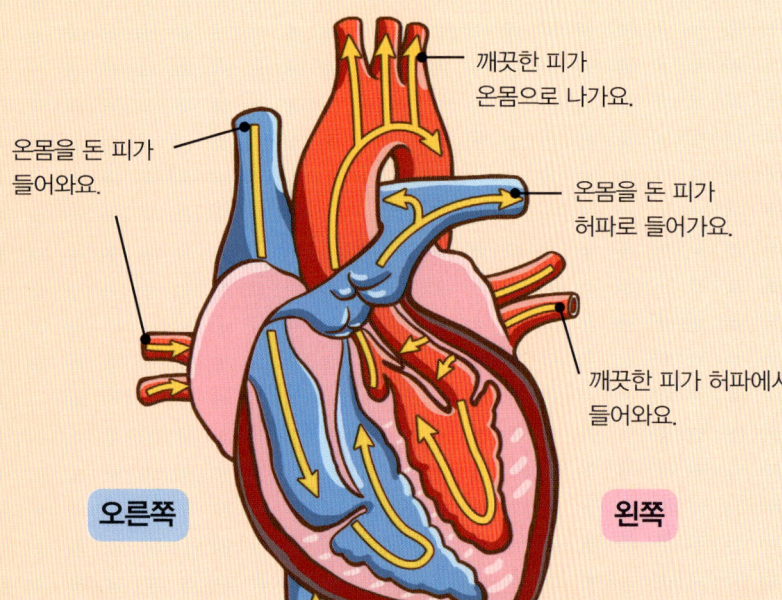

🍅 심장은 피를 온몸으로 보내요

심장은 오른쪽과 왼쪽으로 나뉘어 있어요.
왼쪽 부분에서는 깨끗한 피를 온몸으로
내보내요. 그리고 온몸을 한 바퀴 돈 피는
오른쪽 부분으로 다시 들어온답니다.

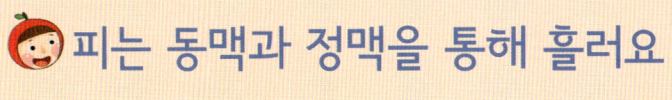피는 동맥과 정맥을 통해 흘러요

심장에서 나온 피는, 피가 흘러가는 길인 혈관을 따라 움직여요. 심장에서 나간 피는 **동맥**이라는 혈관을 따라 흐르고, 심장으로 들어오는 피는 **정맥**이라는 혈관을 따라 흐른답니다.

정맥
심장으로 들어오는 피가 흐르는 혈관

동맥
심장에서 나간 피가 흐르는 혈관

심장에서 나온 피는 몸 곳곳을 흘러가며 산소와 영양분을 전해 주고, 이산화탄소를 거두어 가요. 병균으로부터 우리 몸을 지키는 일도 해요.

심장은 피를 온몸에 돌게 하는 중요한 일을 해요.

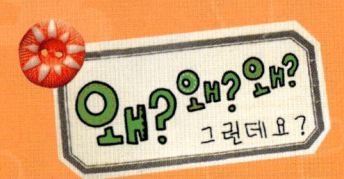

심장과 혈액 순환에 대한 요런조런 호기심!

달리기를 하면 왜 심장이 빨리 뛰나요?

우리는 걷기도 하고, 뛰기도 하고, 앉기도 하고, 자기도 해. 그때마다 심장이 뛰는 빠르기는 늘 달라진단다. 달리기를 하면 우리 몸은 많은 힘을 사용해야 해. 그러면 심장은 빨리빨리 움직여서 산소와 영양분을 실은 피를 온몸 구석구석으로 보내 줘야 하지. 그래서 달리기를 하면 심장이 빨리 뛰는 거란다.

신나게 달리면, 심장도 온몸에 더 빨리 산소를 보내기 위해 빨리 뛰어요.

손목 안쪽에 손가락을 대면 왜 톡톡톡 움직이나요?

그걸 맥박이라고 해. 그런데 맥박은 신기하게도 숨을 들이마실 때 빨라지고, 숨을 내쉴 때 느려진단다. 이렇게 톡톡톡 맥박이 뛰고 있는 건 심장이 지금 뛰고 있기 때문이야. 심장이 뛰는 빠르기와 맥박이 뛰는 빠르기는 똑같단다.

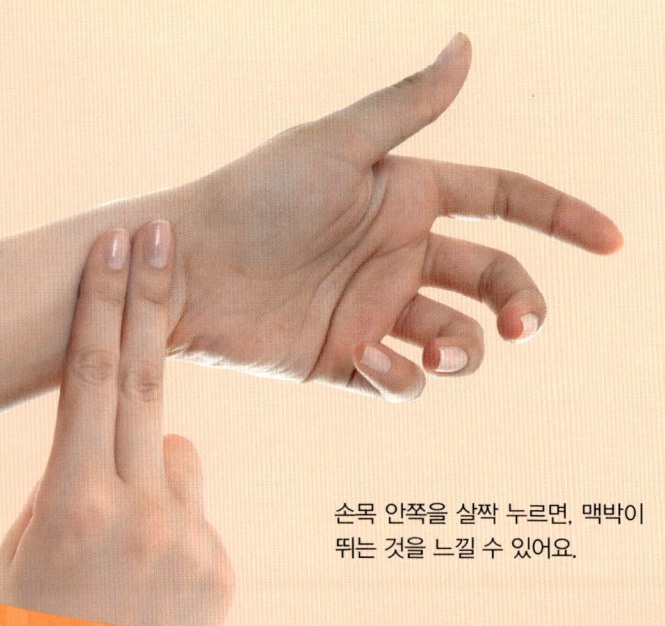

손목 안쪽을 살짝 누르면, 맥박이 뛰는 것을 느낄 수 있어요.

심장은 누구나 다 똑같은 빠르기로 뛰나요?

심장이 뛰는 빠르기는 사람마다 다 달라. 유아들은 1분에 약 130번 정도 심장이 뛰어. 초등학생은 90~140번, 어른은 60~80번 정도밖에 안 뛴단다. 어리면 어릴수록 심장도 빨리 뛰는 거야. 일반적으로 여자가 남자보다 빨리 뛰고, 키가 크고 날씬한 사람은 작고 뚱뚱한 사람보다 좀 더 느리게 뛴단다.

어린이는 어른보다 심장이 더 빨리 뛰어요.

피는 왜 빨개요?

피 속에는 '헤모글로빈'이라는 색소가 들어 있어. 이 헤모글로빈은 우리 몸 구석구석까지 산소를 옮겨 나르는 일을 해. 헤모글로빈 속에는 철이 들어 있는데, 이 철의 색깔이 빨간색이란다. 그래서 헤모글로빈이 많을수록 피가 더 깨끗하고 빨간색으로 보이는 거란다.

헤모글로빈이라는 색소 안에 있는 철이 빨간색이라서 피가 빨갛게 보여요.

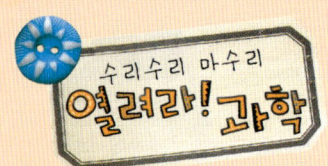

심장에 좋은 음식을 먹어요

우리 몸에 피가 잘 돌 수 있도록 심장과 혈관을 튼튼하게 해 주는 음식이 있어요.

호두나 아몬드, 땅콩 같은 **견과류**는 우리 몸의 피를 맑게 해 주어요.

토마토는 모세 혈관을 튼튼하게 해 주어요. 모세 혈관은 피가 흐르는 아주 가는 길인데, 우리 몸 구석구석에 그물처럼 퍼져 있어요.

과일과 채소는 혈관에 붙어 있는 나쁜 찌꺼기를 없애 주는 역할을 해요.

해바라기씨는 우리 몸의 피가 잘 돌게 도와줘요. 살짝 볶아서 먹으면 고소하고 맛있어요.

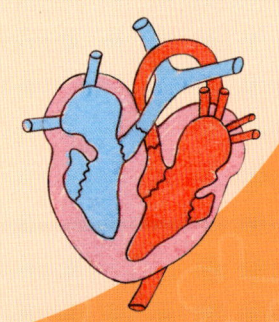

맥박을 짚어 봐요

손목 안쪽에 손가락을 대고 맥박을 짚어 보아요.

준비물 초시계

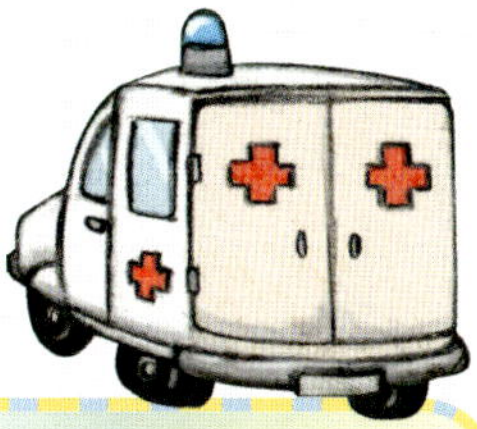

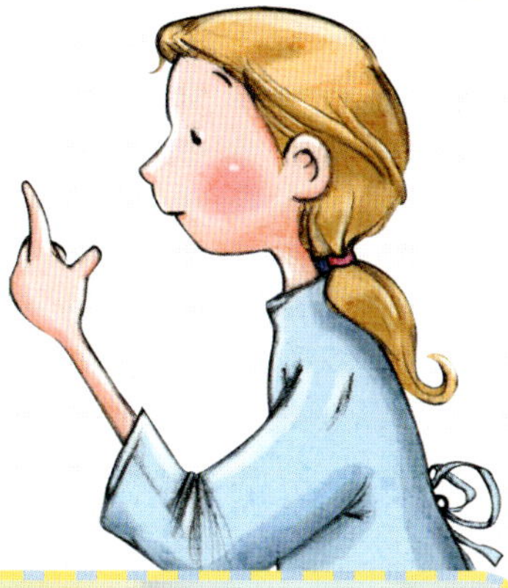

1
초시계를 준비하고, 왼손 손목에 오른쪽 손가락을 대고 맥박을 짚어 보세요. 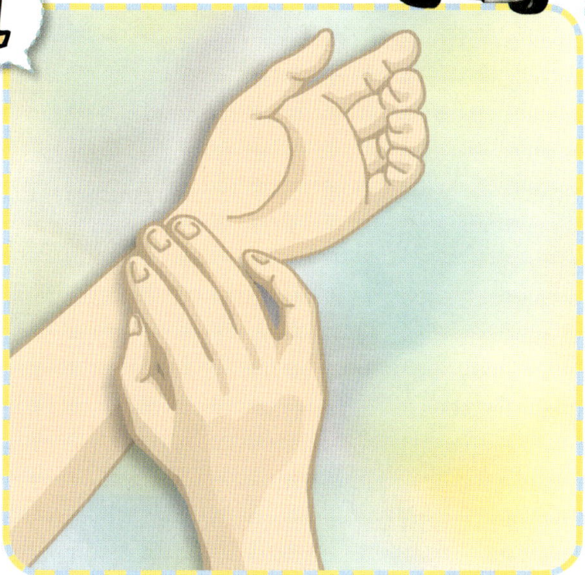

2
10초 동안 뛰는 맥박의 수를 재어 보세요.

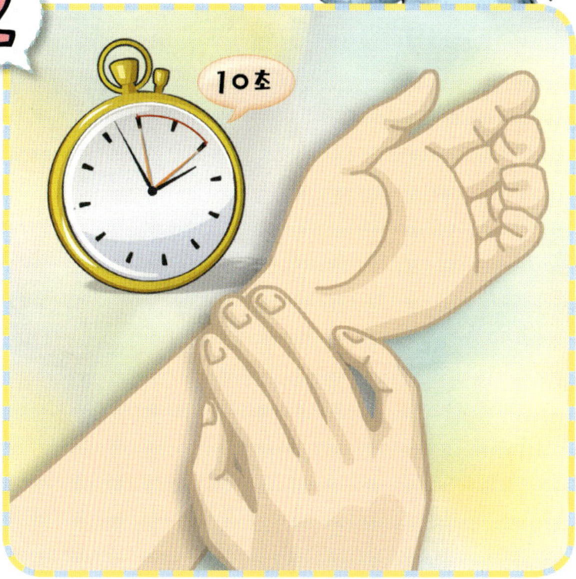

엄마, 아빠에게

1. 10초 동안 뛴 맥박의 수에다 곱하기 6을 해 주세요. 그러면 1분 동안 뛰는 맥박 수를 알 수 있어요.
2. 가만히 앉아 있을 때 잰 맥박의 수와 많이 움직였을 때 잰 맥박의 수가 어떻게 다른지 비교해 보세요.
3. 몸을 많이 움직이면 심장도 빨리빨리 움직이면서 온몸에 피를 보내요. 그래서 몸을 많이 움직이면 심장이 빨리 뛴다는 것도 알려 주세요.